Carta al padre

Franz Kafka

Carta al padre

EDICIONES OBELISCO

Si este libro le ha interesado y desea que le mantengamos informado
de nuestras publicaciones, escríbanos indicándonos qué temas son de su interés
(Astrología, Autoayuda, Ciencias Ocultas, Artes Marciales, Naturismo,
Espiritualidad, Tradición…) y gustosamente le complaceremos.

Puede consultar nuestro catálogo en www.edicionesobelisco.com

Colección Narrativa
CARTA AL PADRE
Franz Kafka

1.ª edición: febrero de 2025

Título original: *Brief an den Vater*

Traducción: *Juli Peradejordi*
Corrección: *Sara Moreno*
Diseño de cubierta: *Enrique Iborra*

© 2025, Ediciones Obelisco, S. L.
(Reservados los derechos para la presente edición)

Edita: Ediciones Obelisco, S. L.
Collita, 23-25. Pol. Ind. Molí de la Bastida
08191 Rubí - Barcelona - España
Tel. 93 309 85 253
E-mail: info@edicionesobelisco.com

ISBN: 978-84-1172-233-9
DL B 19674-2024

Impreso por CPI Black Print - Barcelona

Printed in Spain

Mi queridísimo padre:

Una vez me preguntaste por qué te dije que te tenía miedo. Como de costumbre, no supe responderte, en parte por el mismo miedo que siento hacia ti, y en parte porque para explicar las razones de este temor necesitaría mencionar demasiados detalles. Incluso al intentar responderte por escrito, mi explicación sería incompleta, porque el miedo y sus efectos me hacen sentir disminuido ante ti. Además, la magnitud de lo que debería explicar supera tanto mi memoria como mi capacidad para razonarlo.

Siempre te ha parecido todo muy sencillo, al menos en lo que a mí respecta. Lo has mencionado delante de mí y de muchos otros. Tu perspectiva es más o menos así: has trabajado duro toda tu vida, sacrificando todo por tus hijos, especialmente por mí. Como resultado, he vivido «por todo lo alto», he tenido total libertad para estudiar lo que quisiera, y no he tenido que preocuparme por la comida ni por ninguna otra necesidad básica. No has exigido gratitud a cambio, porque ya conoces «la gratitud de los hijos», pero al menos esperabas algo de deferencia, algún signo de comprensión. Sin embargo, en vez de eso, siempre me he escondido de ti, ya sea en mi habitación, entre libros, o con amigos e ideas que consideras exageradas. Nunca te he hablado abiertamente, no he ido contigo al templo, no te he acompañado a Franzensbad, y nunca he demostrado un sentido de familia en los negocios ni me he ocupado de los otros asuntos que considerabas importantes. Te dejé solo a cargo de la fábrica y te abandoné. Apoyé a Ottla en su obstinación y por ti no moví un dedo (ni siquiera te traigo entradas para el teatro), mientras que por mis amigos lo hago todo.

Si resumo tu juicio sobre mí, aunque eres franco y no me acusas de indecente o malvado (con la posible excepción de mi última intención de casarme), sí me culpas de frialdad, extrañeza e ingratitud. Y me responsabilizas a mí como si fuera culpa mía, como si pudiera haber configurado todo de manera diferente con sólo un giro de la voluntad, mientras que tú no te adjudicas la más mínima culpa, porque según tú, has sido demasiado bueno conmigo.

Considero que tu presentación habitual es tan convincente que incluso yo también creo que eres completamente inocente de nuestra alienación. Pero también creo que yo soy completamente inocente. ¿Podrías reconocer que, aunque una nueva vida entre nosotros ya no es posible porque somos demasiado viejos, aún es posible una especie de paz? No una paz absoluta, pero sí un alivio de tus reproches incesantes. Curiosamente, tienes una idea de lo que quiero decir. Por ejemplo, recientemente dijiste: «Siempre te he querido, aunque no sea como otros padres, precisamente porque no puedo fingir ser como los demás».

Padre, nunca he dudado de tu bondad hacia mí, pero creo que esta observación es incorrecta. No puedes fingir, eso es cierto, pero decir que los otros padres están fingiendo es simplista y no es verdad. En mi opinión, ésta es una expresión velada de que algo anda mal entre nosotros y que tú también lo has provocado, aunque sin culpa intencional. Si realmente quieres decir eso, entonces estamos de acuerdo.

Por supuesto, no estoy diciendo que me convertí en lo que soy sólo a través de tu influencia. Eso sería una exageración (aunque a veces me inclino por pensar así). Es posible que incluso si hubiera crecido completamente libre de tu influencia, seguiría siendo quien soy ahora. Probablemente me habría convertido en una persona débil, ansiosa, vacilante y preocupada. No sería ni Robert Kafka ni Karl Hermann, sino alguien muy diferente de como realmente soy, y podríamos habernos llevado excelentemente el uno con el otro. Yo sería feliz como amigo, como jefe, como tío, como abuelo, o incluso como suegro. Pero como padre, eras demasiado fuerte para mí, especialmente porque mis hermanos murieron jóvenes y las hermanas llegaron mucho después, así que tuve que soportar el primer empujón solo, y fui demasiado débil para eso.

Comparémonos a los dos: yo, para decirlo brevemente, soy un Löwy con una cierta influencia de los Kafka, pero sin el respaldo de la vida y los negocios de Kafka. Mi voluntad de conquista se despierta, pero con la cautela de un león que actúa de manera reservada y tímida, dirigiéndose en una dirección diferente y, a menudo, evitando exponerse por completo. Tú, en cambio, eres la encarnación del verdadero espíritu de Kafka: salud, apetito, poder vocal, el don de la palabra, autosatisfacción, superioridad mundial, perseverancia, presencia de ánimo, conocimiento de la naturaleza humana y cierta generosidad. Claro, también tienes todos los defectos y debilidades que acompañan a estas cualidades, y eso a veces agrava tu mal genio.

Quizás no seas completamente un Kafka en tu visión general del mundo, lo que me lleva a compararte con los tíos Philipp, Ludwig y Heinrich. Ellos eran más felices, más frescos, más despreocupados y relajados que tú. (Por cierto, heredé mucho de esta parte de ti, pero la herencia está demasiado bien gestionada en mí, sin los contrapesos necesarios que tú posees). Tal vez antes de que tus hijos, especialmente yo, te decepcionáramos, eras más feliz. Y tal vez ahora, con los nietos y el yerno, vuelves a sentir algo de esa calidez que los hijos, excepto quizás Valli, no pudieron darte.

De cualquier forma, éramos tan diferentes y, en esta diferencia, tan peligrosos el uno para el otro que, si alguien hubiera querido predecirlo, habría asumido que me habrías aplastado, dejándome sin nada. Esto no ocurrió, pero tal vez algo peor sucedió. Sin embargo, te pido que no olvides que nunca he creído, ni por un instante, en una falta de tu parte. Te percibo actuando conforme a lo que eres, y sólo te pido que dejes de culparme por una supuesta malicia de mi parte. Creo que he sucumbido a tu influencia. Fui un niño temeroso; ciertamente terco, como todos los niños, y quizás algo mimado por madre. Pero no creo haber sido particularmente difícil de manejar, y estoy seguro de que una palabra amable, una mano tranquila, una mirada bondadosa, podrían haberme conducido hacia donde quisieras.

Básicamente, eres una persona amable y gentil (lo siguiente no contradirá esto, sólo hablo de cómo te percibía yo como niño), pero no todos los niños tienen la perseverancia o el coraje para buscar durante mucho tiempo hasta encontrar esa bondad. Sólo podías tratarme de la manera en la que fuiste creado tú mismo: con fuerza, ruido y enfados repentinos. Parecía adecuado para ti, porque querías criar en mí a un niño valiente y fuerte. No puedo recordar tus métodos educativos en mis primeros años, pero puedo deducirlos de los últimos años y de cómo tratas a Félix. A esto hay que sumarle que en ese tiempo eras más joven, más fresco, más salvaje y original, y estabas completamente absorbido por los negocios, lo que te dejaba poco tiempo para estar conmigo. Esto hizo que tus apariciones ante mí fueran aún más impactantes, casi sin tiempo para que me acostumbrara.

Recuerdo un incidente de esos primeros años. Puede que tú también lo recuerdes. Solía pedir agua lloriqueando por la noche, seguramente no por sed, sino quizás para molestar o para entretenerme. Después de algunas amenazas severas que no surtieron efecto, me sacaste de la cama, me llevaste al balcón y me dejaste allí, solo, frente a la puerta cerrada, en mi camisón. No digo que esto fuera incorrecto; tal vez a esa hora la tranquilidad nocturna era necesaria. Pero este acto ilustra tus métodos educativos y su efecto en mí. Probablemente después de eso fui obediente, pero interiormente quedé dañado. Aunque era evidente para mí lo irracional de pedir agua sin tener sed, nunca pude reconciliarme con la tremenda severidad de la situación que me impusiste.

Incluso años después, me atormentaba la idea de que el hombre enorme, mi padre, pudiera venir en cualquier momento, sin razón aparente, sacarme de la cama y llevarme al balcón. Era un sentimiento de nulidad que, aunque noble y fructífero en otros aspectos, se originó en gran parte por tu influencia. Sólo necesitaba un poco de aliento, un poco de amabilidad, que me mantuvieran en mi camino en lugar de forzarme por el tuyo, que tú creías, con buena intención, que debía seguir. Pero no estaba preparado para eso.

Tú me animabas cuando saludaba y desfilaba bien, pero no estaba destinado a ser un futuro soldado. Me alentabas cuando comía abundantemente o incluso cuando bebía cerveza, o cuando cantaba canciones ininteligibles o repetía tus discursos favoritos. Pero nada de esto formaba parte de mi futuro. Es significativo que incluso hoy en día sólo te animas por algo cuando afecta tu sentido del yo, como por ejemplo cuando decidí casarme o cuando Pepa me insulta. Entonces me recuerdas mi valía, mencionas los derechos que tendría y condenas a Pepa. Pero, dejando de lado que a mi edad ya no busco tanto el aliento, ¿de qué me sirve si sólo llega cuando no se trata de mí en primer término?

En ese entonces, necesitaba estímulos en todos los aspectos. Ya estaba deprimido, aplastado sobre todo por tu mera presencia física. Recuerdo, por ejemplo, cómo a menudo nos desnudábamos en una cabaña. Yo, delgado, débil, frágil, y tú, fuerte, alto, robusto. Desde el momento en que estábamos en la cabaña, me sentía miserable, no sólo frente a ti, sino frente al mundo entero, porque tú eras mi referencia en todo. Después, salíamos de la cabaña frente a la gente; yo, un pequeño esqueleto inseguro, descalzo sobre las tablas, con miedo al agua, incapaz de imitar tus movimientos de natación, aunque tú me los mostrabas con buena intención, pero en realidad, sólo incrementabas mi vergüenza profunda. En esos momentos, me sentía desesperado, y todas mis malas experiencias en la vida parecían armonizar perfectamente. Me sentía algo más cómodo cuando te desnudabas primero y yo podía quedarme solo en la cabaña, retrasando el momento de la vergüenza pública hasta que finalmente venías a buscarme y me sacabas de allí. Te agradecía que no parecieras darte cuenta de mi sufrimiento, y, a pesar de todo, estaba orgulloso del cuerpo de mi padre.

Entre nosotros, esta diferencia sigue siendo similar hoy en día, y reflejaba aún más tu superioridad espiritual. Te veías a ti mismo elevado por tu propia fuerza, lo que te daba una confianza ilimitada en tu opinión. Esto no me deslumbraba tanto de niño, pero sí más tarde, cuando empecé a crecer. Desde tu sillón, gobernabas el mundo. Tu opinión era la correcta y cualquier otra era ridícula, exagerada, absurda, o simplemente anormal. Tu confianza en ti mismo era tan grande que ni siquiera necesitabas ser coherente, y aun así, siempre tenías razón. Podía suceder que no tuvieras una opinión sobre algo, y como resultado, todas las opiniones posibles sobre el tema debían estar equivocadas sin excepción. Por ejemplo, podías criticar a los checos, luego a los alemanes, luego a los judíos, y, al final, no quedaba nadie salvo tú.

Para mí, tenías ese misterio que tienen todos los tiranos, cuyo derecho a su posición no se basa en la reflexión. Al menos así me parecía a mí. De hecho, sorprendentemente, a menudo tenías razón en tus juicios sobre mí, aunque rara vez teníamos una conversación real. Pero eso no era incomprensible, ya que toda mi forma de pensar estaba bajo tu pesada influencia, incluso en los pensamientos que no coincidían con los tuyos, y especialmente en ésos. Todos mis pensamientos, aparentemente independientes, estaban impregnados desde el principio por tu presencia y la ejecución completa y continua de tus ideas, lo que hacía casi imposible resistirse.

No hablo de pensamientos elevados, sino de cada pequeño aspecto de la infancia. Sólo tenías que mostrarte satisfecho con algo, pronunciar tu opinión, y la respuesta era irónica: suspiros, sacudir la cabeza, golpear la mesa con el dedo mientras decías: «He visto algo mejor» o «¿Tú me cuentas tus preocupaciones?» o «No tengo la cabeza para esas cosas» o «Cómprate algo si quieres» o «Vaya, todo un evento». Por supuesto, no se podía esperar que te entusiasmaras con cada pequeña cosa, dado que vivías preocupado y con problemas. No era eso lo que importaba, sino el hecho de que siempre le dabas al niño tales decepciones, que en virtud de su naturaleza contradictoria, sólo acumulaban frustración. De este modo, con el tiempo, incluso cuando compartías mi opinión, las decepciones ya no eran simplemente las de la vida ordinaria, sino que se enraizaban en algo más profundo, ya que todo se centraba en ti.

El coraje, la determinación, la confianza y la alegría por cualquier cosa no duraban mucho si estaban en contra de tu aprobación, o incluso si tu oposición sólo se percibía. Esto se aplicaba tanto a los pensamientos como a las personas. Bastaba que mostrara un mínimo interés en algo o alguien para que tú, sin consideración alguna por mis sentimientos ni respeto por mi juicio, lo descalificaras con abuso, calumnia o desprecio. Gente inocente, como el actor yiddish Löwy, tenía que pagar por esto. Sin conocerlo, lo comparaste de una manera terrible con alimañas, un comentario que ya he olvidado, pero que ilustra tu actitud. Y como suele suceder con las personas que me eran queridas, siempre tenías a mano el proverbio sobre los perros y las pulgas.

Recuerdo especialmente al actor porque, al escuchar tus comentarios sobre él, me dije a mí mismo: «así es como mi padre habla de mi amigo (a quien no le gusta sólo porque es mi amigo).

Siempre podré recordarle esto cuando me acuse de falta de amor filial y gratitud». Me resultaba incomprensible tu total falta de sensibilidad hacia el sufrimiento y la vergüenza que causabas con tus palabras, como si no tuvieras idea del poder que tenías. Ciertamente, yo también te he ofendido a menudo con palabras, pero siempre era consciente de ello, me dolía y me arrepentía en el mismo instante en el que las decía. Pero tú manejabas tus palabras sin miramientos, y nadie se atrevía a desafiarte; quedábamos completamente indefensos ante ti.

Así fue toda tu educación. Creo que tenías talento para la educación; ciertamente podrías haber beneficiado a personas de tu misma especie a través de ella. Ellos habrían visto la razonabilidad en lo que decías, sin necesitar más orientación, y habrían seguido tus órdenes en silencio. Pero para mí, como niño, todo lo que decías era como un mandato celestial. Nunca lo olvidé, y se convirtió en el medio más importante para evaluar el mundo, empezando por evaluarte a ti mismo. Y en esa evaluación fallaste por completo.

Dado que como niño comía principalmente contigo, tus lecciones eran en su mayoría sobre el comportamiento adecuado en la mesa. Había que comer lo que había en la mesa, y no se permitía hablar sobre si la comida era buena o no, aunque a menudo decías que era bazofia, llamándola «comida de animales» (refiriéndote a la cocinera). Debido a tu gran hambre y tu preferencia por comer rápido, caliente y en grandes bocados, yo también debía apresurarme. Reinaba un sombrío silencio en la mesa, sólo interrumpido por tus advertencias: «Primero come, luego habla», o «Más rápido, más rápido», o «Mira, ya he terminado hace rato». No se permitía romper los huesos, aunque tú lo hacías. No se permitía beber vinagre, aunque tú sí lo hacías. Lo principal era que el pan sólo se cortara, pero tú lo hacías con un cuchillo chorreando salsa sin que importara. Había que tener cuidado de que no cayeran partículas de comida al suelo, aunque en la mayoría de las veces quien las dejaba caer eras tú. En la mesa, sólo se debía prestar atención a la comida, pero tú te limpiabas las uñas, afilabas lápices y te limpiabas los oídos con un palillo.

Por favor, padre, entiéndeme bien. Estos habrían sido detalles completamente insignificantes por sí mismos, pero se volvieron deprimentes para mí sólo porque tú, el hombre con tanta autoridad para mí, no seguías los mandamientos que me imponías. Como resultado, el mundo se dividió en tres partes para mí: un lugar donde yo, el esclavo, vivía bajo leyes inventadas sólo para mí y a las cuales nunca podría adherirme por completo; luego un segundo mundo, infinitamente alejado del mío, en el que tú vivías, ocupado con gobernar, emitir órdenes y lidiar con su incumplimiento; y finalmente, un tercer mundo donde el resto de la gente vivía feliz y libre de mandatos y obediencia.

Siempre me sentí avergonzado, ya fuera por seguir tus órdenes, lo cual era vergonzoso porque sólo se aplicaban a mí; o por desafiarlas, lo cual también era vergonzoso porque ¿cómo podría yo desafiarte a ti? No podía seguirte, porque, por ejemplo, no tenía ni tu fuerza, ni tu apetito, ni tus habilidades, aunque me lo exigieras como algo evidente. Y esto era, para mí, la mayor vergüenza. Todo esto no era una cuestión de reflexión, sino de sentimiento infantil.

Mi situación en ese momento se puede entender mejor si la comparo con la de Félix. A él también lo tratas de manera similar, y usas una herramienta educativa particularmente cruel al decirle que si hace algo inapropiado mientras come, no sólo lo llamas «un gran cerdo», como solías hacer conmigo, sino que añades: «un auténtico Hermann» o «igual que tu padre». Quizás esto le duela, pero no es esencial para Félix, porque para él sólo eres un abuelo especialmente importante, no todo su mundo, como lo eras para mí. Además, Félix tiene un carácter tranquilo, es hasta cierto punto un hombre, que puede sorprenderse por una voz de trueno, pero su reacción no dura mucho, especialmente porque pasa relativamente poco tiempo contigo y está bajo otras influencias. Eres más una figura curiosa y querida para él, de la que puede tomar lo que quiera. Para mí, tú no eras nada extraño; no podía elegir, tenía que aceptarlo todo, y sin posibilidad de discutir, porque no es posible que hables con calma sobre algo con lo que no estás de acuerdo o que simplemente no es de tu agrado. Tu temperamento autoritario no lo permite.

En los últimos años, explicas esto con tu nerviosismo cardíaco, pero no recuerdo que alguna vez hayas sido significativamente diferente. A lo sumo, este nerviosismo es un medio para ejercer un control aún más estricto, ya que el pensamiento debe ser sofocado en el otro como último recurso. Por supuesto, esto no es una acusación, sólo una declaración de un hecho. Por ejemplo, con Ottla: «ni siquiera se puede hablar con ella, inmediatamente te encara», solías decir, pero en realidad ella no se enfrenta de inmediato; confundes la cosa con la persona. La situación te desafía, y tú decides sin escuchar a la persona; lo que se presente después sólo puede irritarte aún más, nunca convencerte. Entonces, todo lo que escuchamos de ti es: «haz lo que quieras; eres libre; ya eres mayor; no tengo consejos que darte», y todo esto con el terrible trasfondo de ira y condena total. Hoy en día, me enfrento a esto con menos temblor que en la infancia, porque el sentimiento exclusivo de culpa del niño ha sido reemplazado en parte por la comprensión de nuestra mutua impotencia.

La imposibilidad de una comunicación tranquila tuvo otra consecuencia natural: he olvidado cómo hablar. Probablemente no habría sido un gran orador de otra manera, pero normalmente habría dominado el lenguaje humano de manera fluida. Sin embargo, desde el principio me prohibiste hablar. Tu amenaza: «ni una palabra de objeción» y tu mano alzada me han acompañado desde tiempos inmemoriales. Me quedaba frente a ti, quien, cuando se trataba de tus asuntos, eras un orador excelente, mientras que yo apenas podía hablar de manera vacilante y tartamuda, hasta que finalmente me quedé callado, al principio tal vez por despecho, pero luego porque ni siquiera podía pensar ni hablar. Y como fuiste mi verdadero educador, esto se trasladó a todas las áreas de mi vida.

Es un error pensar que nunca me sometí a ti. «Siempre lo contrario» realmente no ha sido mi principio de vida hacia ti, como crees y me reprochas. Al contrario: si te hubiera seguido menos, probablemente estarías mucho más satisfecho conmigo. De hecho, todas tus medidas educativas fueron tomadas en cuenta exactamente; soy tal como soy, y no soy adecuado para nadie. Soy (aparte de los impactos de la vida) el resultado de tu educación y de mi obediencia. Que este resultado te desagrade y que inconscientemente te niegues a aceptarlo como producto de tu educación es precisamente porque nuestras naturalezas son tan ajenas entre sí.

Dijiste: «Ni una palabra de refutación» y querías silenciar las fuerzas opuestas dentro de mí, pero el impacto fue demasiado fuerte, y yo, obediente, me callé por completo, me escondí de ti y sólo me atreví a expresarme cuando estaba tan lejos de ti que tu poder, al menos directamente, ya no me alcanzaba. Pero tú siempre lo veías todo como una oposición a ti, aunque era natural, dada tu fuerza y mi debilidad.

Tus recursos retóricos extremadamente efectivos en mi educación fueron: regaños, amenazas, ironía, risas crueles y, curiosamente, autoincriminación. No recuerdo que me hubieras regañado directamente con palabrotas explícitas; no era necesario. Tenías tantos otros métodos, y además, las palabrotas volaban por la casa y especialmente en la tienda dirigidas a otros, en tal cantidad que, como niño, a veces me sorprendía que no fueran también dirigidas a mí, porque las personas a las que regañabas ciertamente no eran peores que yo, y tú no estabas más insatisfecho con ellas que conmigo.

Aquí de nuevo estaba tu misteriosa inocencia e inexpugnabilidad. Regañabas sin preocuparte por nada y, además, condenabas a otros por regañar y se lo prohibías. Reforzabas los insultos con amenazas, y eso era lo que me aterrorizaba. Por ejemplo, cuando decías: «voy a despedazarte como a un pez», aunque sabía que no seguiría nada peor (aunque de pequeño no lo sabía), correspondía a mi idea de tu poder, como si realmente pudieras hacer eso. También era aterrador cuando corrías gritando alrededor de la mesa para atrapar a alguien, aparentemente sin motivo, pero lo hacías, y finalmente mamá aparentemente salvaba a esa persona.

En una ocasión, a aquel niño le pareció que mantenías su vida por pura gracia, como si fuera un regalo inmerecido que dependía únicamente de ti. Esto también incluía amenazas sobre las consecuencias de la desobediencia. Si empezaba a hacer algo que no te gustaba y me amenazabas, el miedo a tu opinión era tan grande que el fracaso, aunque sólo fuera temporal, se volvía inevitable. Perdí la confianza en mis propias acciones; me volví inconstante y dudoso. Cuanto más crecía, más pruebas me dabas para desafiar mi inutilidad, y gradualmente, en algunos aspectos, lograste tener razón. Nuevamente, me cuido de afirmar que me volví así sólo por tu influencia; sólo reforzaste lo que ya estaba ahí, pero lo amplificaste mucho, porque tu poder sobre mí era inmenso y utilizaste toda tu autoridad para ese propósito.

Tenías una especial confianza en la educación a través de la ironía, lo cual encajaba con tu superioridad sobre mí. Una reprimenda típica de tu parte solía ser algo como: «¿No podrías hacerlo de esta manera y no de otra? Supongo que eso ya es demasiado para ti. Claro, no tienes tiempo para eso». Y así sucesivamente. Estas palabras siempre iban acompañadas de una risa maliciosa y una expresión dura. De alguna manera, ya me sentía castigado antes de saber que había hecho algo mal. Estas reprimendas también eran provocadoras, tratándome como si fuera un tercero, sin dignarse a dirigirte directamente a mí. Por ejemplo, hablabas formalmente con la madre, pero en realidad, te dirigías a mí, que estaba sentado allí: «por supuesto, no se puede esperar mucho del hijo del señor», y cosas por el estilo. Esto tuvo un efecto en mí; por ejemplo, dejé de atreverme a preguntarte directamente algo cuando mi madre estaba presente. Era mucho más seguro preguntar a la madre: «¿Cómo está el padre?», asegurándome de esta manera evitar más sorpresas.

Por supuesto, también hubo ocasiones en las que estaba de acuerdo con tu ironía más cruel, especialmente si se refería a otra persona, como Elli, con quien estuve enojado durante años. Para mí, era una celebración de malicia y *Schadenfreude* cuando se hablaba de ella en casi todas las comidas: «Debe estar sentada a diez metros de la mesa, esa loca ancha», decías, y luego te enfurecías en tu sillón, sin mostrar ni un rastro de amabilidad, sino como un enemigo feroz, exagerando al imitarla, mostrando lo desagradable que te parecía su manera de sentarse.

¿Cuántas veces se repetía esto y cosas similares, y qué poco lograban realmente? Creo que era porque el esfuerzo de tu ira y malicia no guardaba relación con la causa en sí; uno no tenía la sensación de que la ira se debía realmente a la pequeñez de sentarse lejos de la mesa, sino que toda tu grandeza estaba presente en primer lugar y, por casualidad, esa pequeña cosa era la razón para liberarla. Como estaba convencido de que en cualquier caso se encontraría una ocasión, no me esforzaba mucho, y también me volví insensible bajo la amenaza constante, casi seguro de que no sería golpeado.

Uno se volvía gruñón, distraído, desobediente, siempre con la intención de escapar, generalmente de manera interna y reflexiva. Si te importa saberlo, así es como sufrimos. Desde tu punto de vista, tenías toda la razón cuando, con los dientes apretados y una risa amarga, decías con sarcasmo que el niño había transmitido ideas infernales, como cuando recibiste una carta de Constantinopla y exclamaste: «menudos elementos». Parecía una actitud bastante incompatible con la de un padre hacia sus hijos, especialmente porque, muy a menudo, te quejabas públicamente de nosotros. Confieso que, de niño (y probablemente más tarde también), no entendía cómo se podía esperar encontrar compasión en esas quejas. Tú eras tan imponente en todos los sentidos; ¿qué te importaría nuestra lástima o incluso nuestra ayuda? Tenías que despreciarnos, como nosotros mismos lo hacíamos tan a menudo. Por lo tanto, no creía en tus quejas y buscaba alguna intención oculta detrás de ellas. Sólo más tarde comprendí que, en realidad, éramos como niños pequeños, pero en ese momento, cuando tus demandas todavía tenían un carácter infantil, abiertas, irreflexivas y dispuestas a ayudar, todo tenía que ser interpretado de nuevo. Para mí, no era más que un método evidente de educación y humillación, no muy efectivo por sí mismo, pero con el efecto secundario dañino de que el niño se acostumbraba a que las cosas no fueran tomadas en serio, aunque quizás deberían haberlo sido.

Afortunadamente, hubo excepciones a esto, aunque sólo se dieron principalmente cuando te acostabas en silencio, y el amor y la bondad con su poder vencían a todo lo contrario, apoderándose de inmediato. Esto ocurría raramente, pero era maravilloso. Recuerdo, por ejemplo, cuando te veía en los calurosos mediodías de verano después de una comida en la tienda, cansado, echando una siesta con el codo apoyado en el escritorio; o cuando venías a nuestro retiro de verano los domingos; o cuando mi madre enfermó gravemente y, temblando de llanto, te aferrabas a la estantería; o en mi última enfermedad, cuando entraste silenciosamente en la habitación de Ottla, te quedaste en el umbral y, con consideración, sólo asomaste la cabeza para verme en la cama, saludándome con la mano. En esos momentos, uno se acuesta y llora de felicidad, y ahora vuelvo a llorar mientras escribo estas palabras.

También tienes una especie de tranquilidad y satisfacción particularmente hermosa, que muy raramente se muestra, y una sonrisa de aprobación que puede hacer completamente feliz a quien la recibe. No puedo recordar haberla recibido expresamente en mi infancia, pero probablemente sucedió, porque, ¿por qué me la habrías negado cuando parecía tan inocente y llena de esperanza?

Sin embargo, incluso estas impresiones tan amables, a la larga, no lograron nada más que aumentar mi conciencia de culpa y hacer que el mundo se volviera más incomprensible. Prefería aferrarme a lo presente y continuo. Para sentirme un poco mejor, y en parte por una especie de venganza, pronto comencé a hacer pequeñas burlas de las que te diste cuenta, a observarte, a recopilar tus gestos y exagerarlos. Por ejemplo, cómo podías hablar constantemente sobre personas aparentemente superiores que te cegaban y las ridiculizabas, algún consejero imperial o algo similar. Por otro lado, me dolía que tú, mi propio padre, necesitaras confirmaciones tan vanas de tu valía para creer en ti mismo y te dieras tono con ellas. También observaba tu inclinación por lo indecente, diciendo frases que sonaban lo más altisonantes posibles, y te reías como si hubieras dicho algo excepcional, aunque sólo fueran trivialidades o pequeñas vulgaridades.

Por supuesto, hubo muchas otras observaciones similares; yo me alegraba por ellas, pues me daban motivo para chismes y diversión. A veces lo notabas, te molestabas por ello y pensabas que era malicia o falta de respeto. Pero créeme, no era más que un inadecuado medio de autoconservación. Eran bromas, como las que se hacen sobre dioses y reyes, bromas que no sólo pueden combinarse con el más profundo respeto, sino que incluso forman parte de él.

Por cierto, de acuerdo con la relación que tenías conmigo, también intentaste ejercer una especie de resistencia. Solías señalar lo exageradamente bien que me iba y lo bien que, de hecho, me habían tratado. Es cierto, pero no creo que, en mi caso, las circunstancias existentes hayan sido aprovechadas al máximo. Es verdad que mi madre fue infinitamente buena conmigo, pero todo esto estaba vinculado a ti, no en una relación armoniosa. Nuestra madre desempeñaba inconscientemente el papel de mediadora en la lucha. Si tu educación, en algún caso improbable, me hubiera llevado a desarrollar resentimiento, aversión o incluso odio, la madre, con su bondad, su discurso racional (era el arquetipo de la razón) y su constante intercesión, me habría devuelto a tu círculo, del cual, de otro modo, podría haber escapado para beneficio de ambos.

Tampoco hubo una verdadera reconciliación cuando la madre me protegía de ti sólo en secreto. Había algo clandestino en ello, algo que me hacía sentir culpable y tímido frente a ti, como si fuera un ser retorcido y falso que, debido a su insignificancia, incluso admitía lo que consideraba sus derechos, pero sólo podía hacerlo de manera furtiva. Por supuesto, me acostumbré a buscar en esos caminos cosas a las que, incluso según mi propia opinión, no tenía derecho, lo que sólo aumentaba mi sentimiento de culpa.

Es cierto también que casi nunca me pegaste. Pero los gritos, el enrojecimiento de tu cara, el apresurado desabrochar de tus tirantes y su colocación en el respaldo de la silla ya eran suficientes para aterrorizarme. Es como si alguien estuviera a punto de ser ahorcado; si realmente es ahorcado, entonces está muerto y todo ha terminado. Pero si todos los preparativos están listos y sólo cuando la soga cuelga frente a su cara es perdonado, puede que tenga que llevar esa experiencia consigo toda su vida. Además, estas situaciones se repetían con frecuencia, donde en tu opinión claramente merecía un castigo, pero me libraba por tu gracia, lo que sólo me dejaba con un profundo sentimiento de culpa.

Por todas partes me sentía en deuda contigo. Desde tiempos inmemoriales, me has reprochado (y lo has hecho tanto en privado como delante de otros, sin considerar la humillación pública, pues los asuntos de tus hijos siempre eran públicos) que, gracias a tu trabajo, vivía en paz, con calor y abundancia, sin ninguna privación. Recuerdo comentarios que literalmente deben haber surcado mi mente, como: «ya a los siete años tenía que llevar un carrito por los pueblos». «Todos teníamos que dormir en una sola habitación». «Éramos felices cuando comíamos patatas». «Durante muchos años tuve ropa de invierno insuficiente, lo que me provocaba llagas en las piernas». «Cuando era niño, tenía que ir a Pisek a la tienda». «No recibí nada de casa, ni siquiera en el Ejército, y aun así era yo quien enviaba dinero a casa». «Pero aun así, el padre siempre fue el padre para mí. ¿Quién sabe eso hoy en día? ¿Qué sabrán los hijos? Ningún niño entiende esto hoy».

Tales relatos podrían haber sido una excelente herramienta educativa si las circunstancias hubieran sido diferentes y nosotros hubiéramos pasado por las mismas plagas y privaciones que tú experimentaste. Podrían haber servido para motivarnos y fortalecernos. Pero eso no era lo que buscabas; después de todo, la situación, gracias a tu esfuerzo, se había convertido en una oportunidad diferente. No había forma de encontrar un equilibrio sabio como lo habías hecho tú. Tal oportunidad habría requerido primero enfrentarse a la violencia y la agitación, incluso escaparse de casa (siempre que uno tuviera la decisión y la fuerza para hacerlo, y la madre no hubiera intervenido en contra). Pero no querías nada de eso, lo describías como ingratitud, exaltación, desobediencia, traición, locura.

Mientras, por un lado, nos atraías con el ejemplo, el relato y la vergüenza, por otro lado, lo prohibías muy estrictamente. De lo contrario, por ejemplo, habría tenido que considerar las aventuras de Ottla en Zürauer como encantadoras, pese a las circunstancias. Ella quería ir al campo, de donde venías tú; quería trabajar y experimentar privaciones, como tú; no quería disfrutar de tus éxitos profesionales, como tú tampoco lo hiciste, queriendo ser independiente de su padre. ¿Eran estas intenciones tan terribles? Estaban tan alineadas con tu ejemplo y tu enseñanza. Sin embargo, las intenciones de Ottla finalmente fracasaron en sus resultados, quizás se volvieron algo ridículas por haber hecho demasiado ruido y no haber cuidado lo suficiente de sus padres. Pero ¿era exclusivamente culpa de ellos, o también de las circunstancias y, sobre todo, del hecho de que tú los alienabas tanto? Por ejemplo, ¿estaba ella menos alejada de ti en los negocios (como luego trataste de convencerte a ti mismo), como en aquella experiencia tardía en Zürau? Y si no hubieras tenido el poder, o al menos la posibilidad, de superar eso a través del estímulo, el asesoramiento y la supervisión, tal vez incluso podrías haber convertido esa aventura en algo muy positivo. Después de esas experiencias, solías decir en tono de amarga broma que habías sido demasiado bueno con nosotros. Pero esa broma tenía algo de verdad. Lo que tú tuviste que luchar para conseguir, lo tenías en tus manos, mientras que nosotros, aunque no nos salvamos de las luchas de la vida externa que eran inmediatamente accesibles para ti, tuvimos que lidiar con ellas tardíamente, en plena madurez con una fuerza infantil. No digo que nuestra situación fuera necesariamente menos favorable que la tuya, más bien probablemente fue equivalente (aunque los sistemas básicos no se pueden comparar). Pero estamos en desventaja porque no podemos jactarnos de nuestras dificultades ni humillar a nadie con ellas, como tú hacías con tus dificultades.

Tampoco niego que hubiera sido posible para mí disfrutar de los frutos de tu gran y exitoso trabajo, aprovecharlos y continuar trabajando con ellos para tu satisfacción. Pero nuestra alienación se interponía en el camino. Pude disfrutar de lo que me diste, pero sólo con vergüenza, fatiga, debilidad y un profundo sentimiento de culpa. Por eso, sólo podía mendigarte agradecimiento por todo, no por mis acciones.

El resultado externo de toda esta educación fue que huí de todo lo que remotamente me recordara a ti. Primero, de la tienda. De hecho, especialmente en la infancia, habría sido muy feliz allí. Estaba animado, iluminado por la noche, podía verte, escucharte mucho, ayudar aquí y allá, destacar, pero sobre todo admirarte en tus grandes talentos comerciales: cómo vendías, tratabas a la gente, bromeabas, eras incansable, y siempre sabías tomar la decisión correcta en caso de duda. Incluso la manera en la que empacabas o abrías una caja era un espectáculo digno de ver, y todo el entorno era, sin duda, una excelente escuela para un niño. Pero a medida que gradualmente te fuiste imponiendo en todos los aspectos del negocio y te adueñaste de él, la tienda dejó de ser un lugar cómodo para mí. Las cosas que al principio me habían parecido evidentes empezaron a atormentarme y avergonzarme, especialmente la forma en que tratabas al personal.

No sé, tal vez en otras empresas como las Assecurazioni Generali, la situación era realmente similar en mi época. Recuerdo que le expliqué al director, no del todo sinceramente pero tampoco mintiendo completamente, que mi renuncia se debía a que no podía soportar aquellos insultos, que por cierto no me afectaban directamente, pero que ya era demasiado sensible a ellos desde casa. Las otras tiendas no me interesaron durante mi infancia, pero en tu negocio te escuchaba y veía gritar, regañar y despotricar como, según mi opinión de entonces, no ocurría en ningún otro lugar del mundo.

Y no sólo eran los insultos, también había otras tiranías. Por ejemplo, cómo arrojabas productos fuera del mostrador si no querías mezclarlos con otros, lo que sólo la irreflexión de tu ira podía excusar un poco, y el personal tenía que recogerlos. O tu constante comentario sobre un empleado enfermo de los pulmones: «déjalo morir, ese perro enfermo». Llamabas a los empleados «enemigos pagados», y aunque en cierto sentido lo eran, tú ya te habías convertido en su «enemigo pagador». Fue entonces cuando aprendí una gran lección: que podías ser injusto. En mi caso, no lo habría notado tan pronto, porque tenía demasiada culpa acumulada que te daba derecho, pero allí, con personas extrañas que trabajaban para nosotros y vivían con un constante miedo a ti, lo noté claramente. Por supuesto, estaba exagerando, y eso se debe a que asumí, sin dudarlo, que tratabas a esas personas tan terriblemente como lo hacías conmigo. Si hubiera sido así, realmente no habrían podido soportarlo. Pero como eran adultos con nervios en su mayoría fuertes, soportaban tus insultos sin mucho esfuerzo, y al final te perjudicaban más a ti que a ellos.

Pero para mí, la tienda se volvió insoportable porque me recordaba demasiado a mi relación contigo. Tú, además de tener el interés de un emprendedor y el deseo de dominar, eras tan exigente con los demás como lo eras conmigo. Así como ningún empleado podía satisfacer tus expectativas, yo tampoco podía hacerlo. Esto, necesariamente, me llevó a ponerme del lado del personal, también porque, debido al miedo, no entendía cómo se podía tratar a un extraño de esa manera. Me sentía terriblemente molesto con la situación y, de alguna manera, buscaba hacer las paces con mi familia para sentirme más seguro.

Este comportamiento no se limitaba a un trato ordinario y decente hacia el personal, sino que se convertía en una sumisión humillante. No sólo debía saludar primero, sino que incluso llegaba a sentir que debía devolver el saludo con deferencia. Y aunque yo, una persona insignificante, hubiera llegado a humillarme hasta lo más bajo, nunca habría sido suficiente para compensar la forma en que tú, el dueño y señor, los tratabas. Esta relación que establecí con otros seres humanos en la tienda tuvo un impacto que se extendió más allá del ámbito laboral y hacia el futuro. (Algo parecido, aunque no tan peligroso ni arraigado, en, por ejemplo, la propensión de Ottla a tratar con gente pobre, confraternizar con las criadas que tanto te molestaba).

Después de todo, llegué a temerle al negocio, y en cualquier caso, ya no era para mí mucho antes de que terminara la escuela secundaria. Mis habilidades me parecían inadecuadas, ya que, como dijiste, incluso consumían las tuyas. Entonces, (algo que hoy me resulta conmovedor y vergonzoso) intentaste encontrar en mi dolorosa aversión a la tienda y a tu trabajo una pequeña justificación para consolarme, sugiriendo que me faltaba perspicacia comercial porque tenía «ideas más elevadas» en la cabeza. Mi madre, por supuesto, estaba encantada con esta explicación que tú mismo forzaste, y yo, en mi vanidad y angustia, me dejé influenciar por ella.

Pero ¿realmente fueron sólo esas «ideas elevadas» las que me alejaron del negocio? Hoy, honestamente, lo dudo. Si hubiera sido así, esas ideas se habrían expresado de manera diferente en lugar de quedarse flotando entre el temor por el gimnasio y los estudios de Derecho, hasta que finalmente aterricé en un escritorio oficial. Si quería huir de ti, también tenía que huir de la familia, incluso de mi madre. Podía encontrar protección en ella, pero sólo en lo que respecta a ti. Te amaba demasiado y estaba demasiado entregada a ti para tener una influencia espiritual independiente en mi lucha por mantener mi identidad.

Un verdadero instinto infantil me hizo comprender que con los años, la madre se volvió aún más estrechamente relacionada contigo. Aunque siempre mantuvo su independencia en los aspectos más pequeños, de manera delicada y sin ofenderte, con el tiempo, su entrega fue más emocional que intelectual, y sus juicios y condenas hacia los hijos, especialmente en el caso de Ottla, se volvieron ciegos. Por supuesto, siempre hay que considerar lo difícil e incómoda que fue la posición de la madre en la familia. Se vio atormentada tanto en la tienda como en el hogar, y sufrió las enfermedades familiares por partida doble: por su propia experiencia y por la nuestra. Pero la máxima gloria de todo esto fue lo que soportó en su posición intermedia entre nosotros y tú.

Siempre fuiste cariñoso y considerado con ella, pero en este aspecto no la trataste con menos dureza que a nosotros. Sin piedad, la hemos vapuleado, tú desde tu lado y nosotros desde el nuestro. La usábamos como un desahogo en nuestras peleas, sin pensar en lo que ella sufría. Tampoco contribuiste positivamente a la crianza de los hijos, ya que, sin ninguna culpa de tu parte, nos atormentabas por nuestro propio bien. Esto, de algún modo, justificaba lo que de otro modo sería injustificable: la forma en la que nos comportábamos con ella. ¿Cuánto sufrió ella de nosotros por ti, y de ti por nosotros? Injustamente, incluso en los casos en los que tenías razón, porque ella nos perdonaba, aunque a veces ese «perdón» no era más que una contramanifestación silenciosa e inconsciente contra tu sistema.

Por supuesto, la madre no podría haber soportado todo esto si no hubiera encontrado en el amor hacia todos nosotros y en la felicidad que ese amor le brindaba, la fuerza para hacerlo. Mis hermanas sólo me acompañaron parcialmente en este proceso. La más feliz en su actitud hacia ti fue Valli. Al estar más cercana a la madre, también se integró contigo de manera similar, sin muchos problemas ni daños. Tú también la trataste con más amabilidad, en parte en memoria de la madre, pero también porque en ella había poco material de los Kafka. Tal vez tenías razón en no esperar más de lo que ella podía dar, ya que no había nada de Kafka en ella que exigir.

Por otro lado, la relación con Valli podría haberse vuelto aún más amable si nosotros, el resto de la familia, no nos hubiéramos sentido un poco molestos por ello. Elli es el único ejemplo de un éxito casi completo en escapar de tu círculo. Es lo que menos hubiera esperado de ella en su infancia. Era una niña pesada, cansina, temerosa, consciente de su culpa, demasiado humilde, traviesa, perezosa, molesta y tacaña. Apenas podía mirarla, ni dirigirme a ella, porque me recordaba demasiado a mí mismo, como si estuviera bajo el mismo hechizo de crianza. Especialmente su tacañería me resultaba aborrecible, porque yo mismo podría haberla tenido aún más acentuada. Después de todo, la tacañería es uno de los signos más confiables de una profunda infelicidad; estaba tan inseguro de todo que, en realidad, sólo poseía lo que ya tenía en mis manos o en mi boca, o lo que estaba al alcance de ellas, y era precisamente esto lo que ella, estando en una posición similar, prefería quitarme.

Pero todo esto cambió cuando Elli se fue de casa a una edad temprana; lo más importante es que se casó, tuvo hijos, y se volvió alegre, despreocupada, valiente, generosa, desinteresada y llena de esperanza. Es casi increíble cómo apenas has notado este cambio y, en cualquier caso, no lo has valorado como merece, tan cegado estás por el resentimiento que siempre has tenido hacia Elli, un resentimiento que, en esencia, no ha cambiado. Aunque ahora es menos relevante porque Elli ya no vive con nosotros y también porque tu amor por Felix y tu afecto por Karl lo hacen menos importante. Sólo Gerti tiene que pagar a veces por este resentimiento.

Apenas me atrevo a escribir sobre Ottla, sé que estoy arriesgando todo el impacto esperado de esta carta. En circunstancias normales, es decir, si no tiene necesidades especiales o si no hay peligro, simplemente la odias. Tú mismo me has admitido que, en tu opinión, ella deliberadamente te causa problemas y te hace sentir lástima, y mientras sufres por su culpa, ella está satisfecha y contenta. Es como si fuera una especie de demonio. Qué tremenda alienación, incluso mayor que la que existe entre tú y yo, debe haberse interpuesto entre tú y ella para que sea posible un malentendido tan enorme.

Ella está tan alejada de ti que apenas la ves, pero es como un fantasma que aparece donde sospechas su presencia. Admito que has tenido momentos particularmente difíciles con ella. No logro comprender completamente el caso tan complicado, pero en cualquier caso, había algo así como una especie de espíritu Löwy, armado con las mejores armas de Kafka. Entre nosotros no hubo una verdadera lucha; pronto me rendí y lo que quedó fue huida, amargura, dolor y lucha interior. Pero entre vosotros dos siempre hubo una lucha continua, siempre frescos, siempre fuertes. Una visión tan grande como desoladora.

Al principio, ciertamente estuvisteis muy unidos, porque incluso hoy, entre los cuatro, Ottla quizás represente la unión más pura entre tú y la madre, y las fuerzas que se unieron en ese matrimonio. No sé cuánto te importa la armonía entre padre e hija. Para mí es natural creer que su desarrollo fue similar al mío. Por tu lado, la tiranía de tu ser; por su parte, el desafío del león, la sensibilidad, el sentido de justicia, la inquietud, y todo ello respaldado por la conciencia del poder de los Kafka. Probablemente también he influido en ellos, pero no por iniciativa propia, sino simplemente por mi existencia.

Además, Ottla fue la última en entrar en estas relaciones de poder ya establecidas, y pudo formarse su propio juicio a partir de los muchos materiales disponibles. Incluso puedo imaginar que ella vaciló durante un tiempo, debatiendo si lanzarse en tus brazos o convertirse en tu oponente. Tal vez te perdiste ese momento y la empujaste hacia atrás; pero si hubiera sido posible, habríais formado una magnífica pareja en armonía. Aunque yo habría perdido un aliado, veros juntos me habría enriquecido, y la felicidad imprevisible de encontrar satisfacción en uno de tus hijos habría transformado mucho a mi favor. Sin embargo, todo esto es hoy sólo un sueño.

Ottla no tiene conexión contigo, debe buscar su propio camino sola, como yo lo hice. Y, en comparación conmigo, tiene más confianza, seguridad en sí misma, salud y menos dudas, lo que la convierte, a tus ojos, en alguien aún más malvada y traicionera que yo. Lo entiendo; desde tu perspectiva, ella no puede ser diferente. Sí, ella misma es capaz de ver con tus ojos, de sentir tu sufrimiento, y no de desesperarse por ello. La desesperación es mi terreno, pero Ottla, aunque muy triste, no se deja abatir. Aunque nos veas, en aparente contradicción, a menudo juntos, susurrando, riendo y mencionándote de vez en cuando, tienes la impresión de que somos conspiradores traviesos. ¡Menudos conspiradores!

Sin embargo, tú eres el tema principal de nuestras conversaciones, como siempre lo has sido, pero realmente no para tramar nada en tu contra. Nos sentamos juntos para tratar, con todo el esfuerzo, la diversión, la seriedad, el amor, el desafío, la ira, el disgusto, la rendición, la conciencia de culpa, y con todas las fuerzas de la mente, de abordar este terrible proceso que se cierne entre nosotros y tú.

Hablamos de todos sus detalles, desde todas las perspectivas, en todas las ocasiones, de lejos y de cerca. Y aunque tú constantemente dices ser el juez, tú, al menos en su mayor parte (y aquí dejo espacio para los errores que, por supuesto, puedo cometer), eres tan débil y ciego como nosotros.

Un ejemplo instructivo de tu influencia educativa en este contexto es Irma. Por un lado, ella era una extraña, llegó a tu tienda como adulta y te veía principalmente como su jefe, por lo que sólo en parte estuvo expuesta a ti. Pero, por otro lado, también era una pariente consanguínea; te adorabacomo al hermano de su padre, y tenías mucho más que la mera autoridad de un jefe sobre ella. Y, sin embargo, Irma, que en su frágil cuerpo era tan capaz, inteligente, trabajadora, modesta, confiable, desinteresada, leal, que te amaba como tío y te admiraba como jefe, que se probó a sí misma en otros puestos antes y después, no fue para ti una buena empleada.

Ella fue, simplemente, empujada por nosotros cerca de ti en la posición cercana a la de una hija, y el poder de tu ser aun inclinó la balanza en su contra. Con ella, como con nosotros, se desarrollaron sentimientos de olvido, negligencia, humor sombrío, y tal vez incluso un poco de resentimiento, en la medida en que ella era capaz de sentirlo, aunque sin considerar que tenía una salud delicada y que, de lo contrario, no era muy feliz y una tristeza doméstica pesaba sobre ella.

Tu rica relación conmigo se reflejó en tu relación con ella, y se volvió un ejemplo casi blasfemo de lo que ya es clásico para nosotros. Todo

esto se resume en una frase que muestra claramente tu inocencia en el trato con las personas:
«La disputa me dejó mucho desorden».

Podría describir otros círculos de tu influencia
y mi lucha contra ella, pero si ya me sentía inseguro aquí y tenía que construirme, además, sí,
cuanto más te alejabas de los negocios y la familia, más amable, deferente y compasivo te volvías,
más considerado, más participativo (también me
refiero a lo externo), al igual que, por ejemplo, el
autócrata, una vez que estás fuera de las fronteras
de tu hogar, no tiene por qué ser siempre tiránico
y puedes ser capaz de relacionarte incluso con las
personas más humildes. De hecho, siempre des-
tacabas en las fotos de grupo de Franzensbad, feliz entre la gente, como un *rey* de viaje. Sin embargo, esto habría sido una ventaja para tus hijos
sólo si ellos ya la hubieran tenido, lo cual era imposible en su infancia, cuando necesitaban reconocer estas cualidades.

Yo, por ejemplo, nunca pude ver hasta cierto
punto, porque siempre me encontré en el anillo
más íntimo, estricto y restrictivo de tu influencia. Como resultado, no sólo perdí el sentido de
la familia, como dices, sino todo lo contrario:

aún tenía un sentido de la familia, pero principalmente uno negativo, que se manifestaba en un desapego interior (que, por supuesto, nunca terminará) hacia ti. Sin embargo, mis relaciones con personas ajenas a la familia también sufrieron, y quizás incluso más, como consecuencia de tu influencia. Estás equivocado si crees que hago todo por la gente por amor y lealtad, y nada por ti y la familia por frialdad y traición. Repito una vez más: probablemente yo también habría sido tímido y pusilánime con la gente, pero hay un largo y oscuro camino entre eso y a donde realmente llegué.

Hasta ahora, he ocultado relativamente poco intencionalmente en esta carta, pero ahora y más adelante tendré que ocultar algunas cosas que, ante ti y ante mí, admitirlas aún es demasiado difícil. Digo esto para que, cuando el panorama general esté completo y algo parezca impreciso, no pienses que es por falta de evidencia; más bien, hay pruebas que podrían hacer que la imagen fuera insoportablemente dolorosa. No es fácil encontrar un término medio.

En cualquier caso, aquí basta con recordar lo primero: ante ti, perdí la confianza en mí mis-

mo, que fue reemplazada por un sentimiento ili-
mitado de culpa. (En memoria de esto, una vez
escribí correctamente sobre alguien: «Tiene miedo de que la vergüenza lo sobreviva»). No podía
transformarme de repente cuando estaba con
otras personas; al contrario, caía en un sentimiento de culpa aún más profundo hacia ellas
porque, como ya he dicho, sentía que debía
compensar lo que había hecho bajo mi responsabilidad en los negocios. Además, estabas en contra de todas las personas con las que yo tenía alguna relación, abiertamente o en secreto, y debía
asumir esa desconfianza también.

La desconfianza que me inculcaste en la tienda
y en la familia hacia la mayoría de la gente (nóm-
brame una persona importante en mi infancia a
la que no hayas denigrado hasta el fondo, al menos una vez) era, curiosamente, algo de lo que no
te quejabas en particular (simplemente eras lo su-
ficientemente fuerte como para soportarlo, además de que quizás fuera sólo un emblema de tu
autoridad). Esa desconfianza, que me hacía ver a
los demás como inalcanzablemente superiores,
también se convirtió en una desconfianza hacia
mí mismo y en un miedo constante hacia todo lo

demás. Así que no pude encontrar refugio en ninguna parte para salvarme de ti.

Tal vez estabas equivocado porque realmente no sabes nada sobre mis relaciones humanas, y sospechas y sientes celos. (Niego que me ames). Suponías que yo era responsable de la pérdida de la vida familiar y que debía compensarlo en otro lugar, porque me resultaba imposible vivir de la misma manera fuera de la familia. En este sentido, especialmente en mi infancia, encontré cierto consuelo en desconfiar de mi propio juicio; me decía a mí mismo: «Estás exagerando, es típico de la juventud hacer pequeñas cosas demasiado grandes y ver excepciones donde no las hay». Pero este consuelo lo perdí más adelante, cuando mi visión del mundo se desvaneció.

Tampoco encontré salvación en el judaísmo. Aquí, la salvación sería concebible en sí misma, y aún más, habría sido posible que ambos nos encontráramos en el judaísmo o incluso que hubiéramos salido de allí unidos. Pero ¿qué tipo de judaísmo era el que recibí de ti? Lo enfrenté de tres maneras a lo largo de los años. De niño, me reprochaba a mí mismo, de acuerdo contigo, por no ir lo suficiente al templo, por no ayunar y cosas por el estilo. Aunque no me lo creía, la culpa, siempre lista para aparecer, me atravesaba.

Más tarde, cuando era joven, no entendía cómo podías lidiar con la nada del judaísmo, y me reprochabas por no seguir una nada similar, como tú lo hacías. Realmente lo era, tal como yo lo veía: una nada, una diversión, ni siquiera una diversión seria. Ibas al templo cuatro días al año, y estabas más cerca de los indiferentes que de los que se lo tomaban en serio; cumplías pacientemente las oraciones como una formalidad, y a veces me sorprendía que pudieras mostrarme el pasaje en el libro de oraciones que acababas de recitar. Por cierto, se me permitía hacer lo que quisiera en el templo, mientras fuera a él (eso era lo principal). Bostezaba y me aburría durante las muchas horas allí (creo que sólo me aburrí más durante las lecciones de baile) y trataba de hacerme feliz con los pocos pequeños cambios que había, como cuando se abría el Tabernáculo, lo que siempre me recordaba a los puestos de tiro de las ferias, donde al golpear un blanco negro se abre la puerta de una caja, excepto que aquí sólo veía muñecos viejos sin cabeza.

También tenía mucho miedo allí, no sólo por la gran cantidad de personas con las que entraba en contacto más cercano, sino también porque mencionaste una vez que podría ser llamado a leer la Torha. Temblé durante años ante esa posibilidad. Pero, por lo demás, mi aburrimiento no se vio perturbado significativamente, a excepción de la Bar Mitzvá, pero ese ridículo sólo me llevó a una actuación ridícula en el examen, y después, lo que te afectaba era un incidente insignificante, como cuando te llamaron a la Torah y sentí que había sobrevivido bien a ese evento exclusivamente social.

El Seder de la primera noche de Pascua se convirtió cada vez más en una comedia de risas nerviosas, especialmente bajo la influencia de los niños que crecían. (¿Por qué tuviste que someterte a esta influencia? Porque tú la causaste). Ése era el material de fe que me transmitiste, junto con la mano señalando a «los hijos del millonario Fuchs», que estaban de vacaciones con su padre en el templo. No entendía cómo hacer algo mejor con ese material, más que deshacerme de él lo antes posible; simplemente deshacerme de ello me parecía la acción más respetuosa.

Pero incluso más tarde, volví a verlo de manera diferente y entendí por qué se te permitía creer que también te traiciono maliciosamente en este sentido. Tenías que salir del pequeño gueto; la comunidad del pueblo realmente trajo algo de judaísmo consigo, no era mucho y, aun así, se fue perdiendo un poco en la ciudad y en el Ejército. Después de todo, las impresiones y recuerdos de la juventud, en relación con una especie de vida judía, especialmente porque no recibiste mucha ayuda, te dejaron algo. Sin embargo, pertenecías a una tribu muy fuerte y, en cuanto a tu persona, tenías una firme religiosidad. Las preocupaciones, si no se mezclaban mucho con las preocupaciones sociales, difícilmente podían sacudirte. La razón de tu fe principal en la vida fue que creías en la absoluta corrección de las opiniones de cierta clase social judía. Y, en realidad, dado que estas opiniones formaban parte de tu ser, creías en ti mismo.

Aún había suficiente judaísmo en ti, pero para ser transmitido a un hijo, era demasiado poco; goteaba completamente al pasar por ti. En algunos casos, eran impresiones intransferibles de la juventud, en parte de tu temido ser. También era imposible para ti dejar claro al niño observador que las pocas nimiedades que realizabas en nombre del judaísmo, con una indiferencia acorde a su insignificancia, podrían tener un significado más elevado. Para ti, tenían significado como pequeños recuerdos de épocas anteriores, y por eso querías transmitírmelos, pero sólo podías hacerlo mediante la persuasión o la amenaza; por un lado, esto no era posible y, por otro lado, tenías que hacerlo, ya que ni siquiera reconocías tu posición débil en este aspecto, lo que te enfurecía aún más ante mi aparente terquedad.

Todo este asunto no es un fenómeno aislado; algo similar ocurrió en gran parte con esta generación judía de transición, que emigró de un campo relativamente piadoso a las ciudades. Esto sucedió por sí sólo, pero simplemente se sumó a nuestra relación, que, después de todo, no carecía de tensión, convirtiéndose en una adición dolorosa. Por otro lado, también debes, al igual que yo, creer en tu inocencia en este punto, pero esa inocencia se debe explicar por tu naturaleza y las circunstancias del tiempo, y no sólo por las circunstancias externas. No puedes decir que tuviste demasiados otros trabajos y preocupaciones además de esto, y que podrías haber renunciado a estas cosas. De esta manera, conviertes tu acusación indudablemente injusta en una injusticia contra otros.

Esto es, en todos los casos, fácil de refutar. Después de todo, no se trataba de ninguna lección que debieras haber impartido a tus hijos, sino de una vida ejemplar; si tu judaísmo hubiera sido más fuerte, tu ejemplo habría sido más convincente. Esto, por supuesto, no es una acusación en absoluto, sino sólo una defensa ante tus acusaciones.

Recientemente, leíste las memorias de Franklin. Te las di a propósito para que las leyeras, pero no, como notaste irónicamente, debido a un pequeño pasaje sobre el vegetarianismo, sino por la relación entre el autor y su padre, y la relación entre el autor y su hijo, tal como la describe en estas memorias escritas para su hijo. No quiero destacar detalles aquí, pero también obtuve cierta confirmación posterior de esta visión de tu judaísmo debido a tu comportamiento en los últimos años, cuando parecía que te ocupabas de asuntos judíos con más personas. Dado que estás en contra de cada una de mis ocupaciones desde el principio, y especialmente en contra de la manera en que me interesan, también lo estabas aquí.

Pero se podría haber esperado que hicieras una pequeña excepción en este caso. Era el judaísmo de tu judaísmo lo que estaba en juego aquí, y por lo tanto, también la posibilidad de establecer nuevas relaciones entre nosotros. No niego que, si hubieras mostrado interés, yo podría haber sospechado precisamente por eso. No afirmo que de alguna manera sea mejor que tú en este aspecto. Pero ni siquiera llegamos a esa posibilidad. A través de mi mediación, el judaísmo se volvió aborrecible para ti, las fuentes judías eran «ilegibles» y te disgustaban. Eso podría significar que insistías en que sólo el judaísmo que me mostraste en mi infancia era lo correcto, y que más allá de eso no había nada. Pero era difícilmente concebible que insistieras en eso.

Entonces, ¿qué podría significar ese «disgusto» (aparte del hecho de que inicialmente no estaba dirigido al judaísmo, sino contra mi persona)? Podría significar que inconscientemente reconociste la debilidad de tu judaísmo y mi educación judía, y no querías de ninguna manera que te lo recordaran, respondiendo a todos los recuerdos con odio abierto. Por cierto, tu exagerada valoración negativa de mi nuevo judaísmo llevaba, en primer lugar, tu maldición, y en segundo lugar, para su desarrollo, la relación fundamental con los demás fue decisiva, en mi caso fatal.

Más correctamente, con tu disgusto, percibiste mi escritura y lo que, desconocido para ti, estaba relacionado con ella. Aquí en realidad me había alejado de ti de manera independiente, aunque también es un poco como el gusano que, después de ser pisoteado por la parte trasera, se arrastra hacia un lado. Estaba razonablemente seguro, hubo un suspiro de alivio; la aversión que, por supuesto, también tuviste contra mi escritura, fue para mí excepcionalmente bienvenida. Mi vanidad, mi ambición sufrió por no ser famoso para ti. Saludar mis libros con un «déjalo sobre la mesita de noche» (en su mayoría jugabas a las cartas cuando llegaba un libro) en el fondo me resultaba cómodo, no sólo por la malicia rebelde, ni sólo por la alegría de una nueva confirmación de mi visión de nuestra relación, sino porque originalmente, esa frase me sonaba como: «ahora eres libre». Por supuesto, era una ilusión, no era libre o, en el mejor de los casos, todavía no lo era. Mi escritura era sobre ti; sólo me quejaba allí de lo que no podía quejarme de frente. Fue un acto deliberado de despedida prolongada para ti, aunque de hecho fue forzada por ti, pero también contenía cierta dirección para mí.

Sin embargo, qué poco fue todo esto. Después de todo, sólo vale la pena hablar de ello porque ocurrió en mi vida, no porque tenga importancia en ningún otro lugar, y porque en la infancia me vino como una corazonada, más tarde como una esperanza, y más tarde aún, a menudo como una desesperación que dominó mi vida y a mí, si lo deseas, pero de nuevo bajo tu disfraz. Dictó mis pocas y pequeñas decisiones.

* * *

Por ejemplo, en la elección de profesión. Por supuesto, me diste total libertad en este aspecto con tu generosidad e incluso con tu paciencia. Sin embargo, al hacerlo, seguiste las pautas generales de la clase media judía, o al menos los valores de esta clase. Además, uno de tus malentendidos respecto a mi persona también jugó un papel importante aquí. Siempre me has mantenido alejado del orgullo paternal, ignorando mi existencia real y llegando a la conclusión de que mi debilidad se debía a ser particularmente trabajador. Según tu opinión, de niño, siempre estaba estudiando y luego escribiendo. Nada más lejos de la verdad. Más bien, se puede decir sin exagerar que he aprendido poco y no he escrito nada de valor; en los muchos años que he vivido, con una memoria promedio, sin ser la peor, mi conocimiento general y, especialmente, mi base de conocimientos es extremadamente deplorable en comparación con el tiempo y dinero invertidos en una vida aparentemente tranquila y despreocupada, y especialmente en comparación con casi todas las personas que conozco. Es patético, pero para mí, comprensible.

Desde que tengo memoria, he tenido preocupaciones tan profundas sobre mi afirmación existencial que todo lo demás me resultaba indiferente. Los estudiantes judíos de secundaria que conocí eran algo extraños, uno se encontraba con lo más improbable, pero mi frialdad, apenas disimulada, mi autosuficiencia infantilmente indefensa, rozando la ridiculez, y mi indiferencia bestial hacia mí mismo, no la he vuelto a encontrar en ningún otro lugar. Sin embargo, era mi única protección contra la destrucción nerviosa por el miedo y la culpa. Sólo me preocupaba cuidar de mí mismo, pero esto se manifestaba de diversas maneras. Por ejemplo, como preocupación por mi salud; comenzaba con un ligero temor, como la digestión, la pérdida de cabello, la curvatura de la columna vertebral, etc., que aumentaba en innumerables gradaciones y eventualmente desembocaba en una verdadera enfermedad.

Pero como no tenía nada seguro, necesitaba una nueva confirmación de mi existencia a cada momento. No poseía nada que fuera únicamente mío, real e indudable, claramente determinado sólo por mí. En verdad, era un hijo desheredado, por lo tanto, me volqué hacia lo más cercano a mí, mi propio cuerpo incierto. Crecí alto durante mucho tiempo, pero no sabía qué hacer con esa altura; la carga era demasiado pesada, mi espalda se torció. Apenas me atrevía a moverme o hacer ejercicio, lo que me dejó débil. Me asombraba de todo lo que aún conservaba como un milagro, como mi buena digestión; y perder eso significaba que el camino hacia la hipocondría estaba despejado, hasta el punto en que, bajo el esfuerzo sobrehumano de querer casarme (de eso hablaré más adelante), tuve un vómito de sangre en el apartamento de Schönbornpalais que se volvió necesario sólo porque pensaba que lo necesitaba para escribir, lo cual también pertenece a esta autocomplacencia.

Entonces, todo esto no provino de un trabajo excesivo, como siempre has imaginado. Hubo años en los que pasé más tiempo pudriéndome en el sofá con plena salud que tú en toda tu vida, incluidas todas tus enfermedades. Cuando parecía estar extremadamente ocupado, en realidad estaba huyendo de ti y generalmente me recluía en mi habitación. Mi rendimiento general tanto en la oficina (donde, sin embargo, la pereza no se nota mucho, y además, debido a mi ansiedad, dentro de ciertos límites), como en casa es pequeño. Si tuvieras una visión general de esto, te horrorizarías.

Probablemente no soy perezoso en mi esencia, pero no tenía nada significativo que hacer. Donde viví, fui rechazado, juzgado, oprimido y, en otros lugares, también me resultó extremadamente difícil escapar, pero eso no era trabajo, porque se trataba de algo imposible, inalcanzable para mis capacidades, salvo pequeñas excepciones.

En este estado, se me otorgó la libertad de elegir una profesión. Pero ¿aún era capaz de utilizar realmente esa libertad? ¿Me atrevía siquiera a pensar en alcanzar una verdadera profesión? Mi autoevaluación dependía mucho más de ti que de cualquier otra cosa, como un éxito externo. El éxito era sólo un momento efímero, nada más, pero por otro lado, tu peso siempre caía con más fuerza.

Nunca pensé que aprobaría la primera clase de primaria, pero lo logré, incluso obtuve un premio; pero estaba seguro de que no aprobaría el examen de ingreso al gimnasio, sin embargo, lo conseguí; y pensé que ahora sí fallaría en la primera clase de secundaria, pero no, no fallé y siempre tuve éxito una y otra vez. Pero esto no dio como resultado confianza en mí mismo; al contrario, siempre estuve convencido, y en tu cara desdeñosa encontraba la prueba literal, de que cuanto más éxito tuviera, peor sería el resultado final, y finalmente todo tendría que salir mal.

A menudo me imaginaba la terrible reunión de profesores (el instituto es sólo el ejemplo más evidente, pero a mi alrededor sucedía de manera similar), como tú, cuando sobreviví al premio, entonces en la segunda, y cuando sobreviví a ésta, se reunirían en la tertia, y así sucesivamente, para investigar un caso único y escandaloso: cómo el más incompetente y en todo caso el más ignorante había logrado escabullirse hasta esa clase, y cómo, ahora que toda la atención se dirigía a mí, sería expulsado de inmediato, ante los vítores de todos los justos que se liberarían de esta presión de pesadilla.

Vivir con tales pensamientos no es fácil para un niño. ¿Qué me importaban las lecciones en estas circunstancias? ¿Quién podría sacarme una chispa de simpatía? Estaba interesado en las lecciones, y no sólo en la escuela, pero en esa época crucial, me sentía como un defraudador bancario que sigue en su puesto y tiembla ante la posibilidad de ser descubierto, poco interesado en la banca, aunque aún tiene que cumplir con su papel. Todo era tan pequeño, tan alejado de lo esencial.

Esto continuó hasta la madurez, a la que llegué sólo parcialmente gracias a un estado de mareo constante, y luego vacilé, aunque ahora era libre. Lo había logrado, a pesar de que la presión del instituto me había obligado a cuidarme, y sólo ahora era libre. Así que no había una verdadera libertad de elección de carrera para mí, lo sabía: todo sería diferente de lo principal, y todo sería tan indiferente como las materias que se impartían en el instituto.

Entonces, elegir Derecho era lo obvio. Pocos intentos de vanidad y esperanzas absurdas, como dos semanas de estudio de Química o medio año de estudios de filología alemana sólo reforzaron esa convicción básica. Así que estudié Derecho.

Eso significaba que, durante los meses previos a los exámenes, me alimentaba espiritualmente de serrín, además previamente masticado por miles de bocas, lo cual maltrataba mis nervios intensamente. Sin embargo, en cierto modo, me gustaba, al igual que antes me había gustado el colegio y, más tarde, el empleo como funcionario, pues todo esto correspondía perfectamente a mi situación. De todos modos, mostré una asombrosa previsión, ya que desde niño tenía claras intuiciones respecto a los estudios y la profesión. No esperaba ninguna salvación de esta vía; hacía mucho que había renunciado a buscarla aquí.

Pero no mostré ninguna previsión respecto a la importancia y posibilidad del matrimonio para mí; éste, hasta ahora, el mayor miedo de mi vida, llegó de manera casi completamente inesperada. El niño se había desarrollado tan lentamente que estos asuntos le quedaban completamente ajenos; ocasionalmente era necesario pensar en ellos, pero que aquí se estuviera preparando una prueba permanente, decisiva, e incluso la más amarga de todas, no era perceptible. En realidad, los intentos de matrimonio fueron el mayor y más esperanzador intento de salvación, y en la misma medida, su fracaso fue igualmente grandioso.

Temo que, al igual que todo me sale mal en este aspecto, tampoco seré capaz de hacerte entender estos intentos matrimoniales. No obstante, el éxito de toda esta carta depende de ello, ya que en estos intentos se reunieron, por un lado, todas las fuerzas positivas de las que disponía, y por otro lado, se aglomeraron con furia todas las fuerzas negativas, que he descrito como el resultado de tu educación: la debilidad, la falta de confianza en mí mismo, el sentimiento de culpa, levantando literalmente una barrera entre el matrimonio y yo. La explicación también me resultará difícil, ya que he reflexionado tanto sobre esto durante días y noches que, al enfrentarlo, me confunde sólo el pensar en ello. Sin embargo, tu total incomprensión del asunto, que considero completamente errónea, me facilita en parte la explicación. Corregir un malentendido tan absoluto no me parece excesivamente complicado.

Para empezar, colocas mis fracasos matrimoniales en la misma línea que mis otros fracasos; no tendría objeción alguna si aceptaras la explicación que he dado sobre las causas de mi fracaso. En efecto, están en la misma categoría, pero subestimas la importancia del asunto, y lo haces de tal manera que, cuando hablamos del tema, en realidad estamos hablando de cosas completamente distintas. Me atrevo a decir que en toda tu vida no te ha sucedido nada que tenga para ti la misma relevancia que para mí han tenido mis intentos de matrimonio. No quiero decir que no hayas vivido experiencias importantes; al contrario, tu vida ha sido mucho más rica, llena de preocupaciones y presiones que la mía. Pero precisamente por eso no has experimentado algo similar. Es como si alguien tuviera que subir cinco pequeños escalones y otra persona sólo uno, pero este escalón fuera tan alto para él como los otros cinco juntos. El primero no sólo superará esos cinco escalones, sino también cientos y miles más, llevando una vida intensa y esforzada, pero ninguno de esos escalones tendrá para él la importancia que para el segundo tiene ese único, alto e inalcanzable escalón, que no podrá superar ni, por supuesto, dejar atrás.

Casarse, formar una familia, aceptar a todos los hijos que lleguen, mantenerlos en este mundo inseguro y hasta guiarlos un poco, es, estoy convencido, lo máximo que puede lograr un ser humano. Que aparentemente lo logren tantos, y tan fácilmente, no es prueba en contra de ello, porque, en primer lugar, en realidad no son muchos los que lo consiguen, y en segundo lugar, esos pocos no lo «hacen», sino que simplemente «les sucede». Eso no es, ciertamente, alcanzar el nivel máximo, pero sigue siendo algo muy grande y digno (especialmente porque «hacer» y «suceder» no pueden separarse completamente). Finalmente, no se trata de alcanzar ese máximo, sino de una lejana pero digna aproximación; no es necesario volar hasta el centro del Sol, pero sí arrastrarse hasta un pequeño rincón limpio en la tierra, donde a veces brille el Sol y uno pueda calentarse un poco.

¿Cómo estaba yo preparado para esto? Lo peor posible. Esto ya se deduce de lo dicho hasta ahora. En cuanto a la preparación directa del individuo y la creación de las condiciones generales básicas, tú no interviniste mucho desde fuera. Tampoco era posible hacerlo, ya que lo determinante en este terreno son las normas sexuales de clase, pueblo y época. Sin embargo, interviniste en cierta medida, aunque no mucho, ya que el requisito previo para tal intervención es una sólida confianza mutua, que ya nos faltaba desde hacía tiempo en el momento decisivo. Además, tampoco lo hiciste de manera muy afortunada, porque nuestras necesidades eran completamente diferentes; lo que a mí me fascina, a ti podría no interesarte en absoluto, y viceversa. Lo que para ti es inocencia, para mí podría ser culpa, y viceversa. Lo que para ti no tiene consecuencias, para mí puede ser la tapa de mi ataúd.

Recuerdo una vez, paseábamos tú, la madre y yo por la Josephplatz, cerca de donde hoy está el Länderbank. Empecé a hablar, de manera tonta y presuntuosa, con aires de superioridad, orgulloso, distante (lo cual no era cierto), frío (eso sí era verdadero) y balbuceante, como solía hablar contigo, sobre esos temas interesantes. Les reproché que no me hubieran enseñado esas cosas, y que hubieran sido mis compañeros quienes tuvieron que hacerlo, exponiéndome a grandes peligros (mentía descaradamente, como es mi estilo, para hacerme el valiente, ya que debido a mi timidez, no tenía una idea clara de esos «grandes peligros»). Al final, insinué que ya lo sabía todo, que no necesitaba más consejos y que todo estaba resuelto.

No es fácil juzgar tu respuesta en ese momento. Por un lado, tenía algo de honestidad, hasta cierto punto primitiva, pero por otro lado, también era moderna, especialmente en lo que respecta a la enseñanza sobre uno mismo, sin dudarlo. No sé cuántos años tenía entonces, ciertamente no más de dieciséis. Pero para un chico de esa edad, todo era muy extraño. La distancia entre nosotros dos se evidencia también por el hecho de que ésta fue, en realidad, la primera enseñanza directa que recibí de ti en la vida.

Sin embargo, el verdadero significado de esa enseñanza, que se hundió en mí incluso entonces, aunque sólo llegué a comprenderlo parcialmente mucho más tarde, fue el siguiente: lo que me aconsejaste hacer era, en tu opinión, y también en la mía de entonces, la cosa más sucia que existía. Que quisieras asegurarte de que no trajera nada físico a casa era irrelevante; sólo te estabas protegiendo a ti mismo y a la familia. Lo principal era que tú te mantuvieras como un esposo y hombre puro, elevado por encima de esas cosas. Eso probablemente me impactó aún más porque el matrimonio me parecía algo desvergonzado, y por lo tanto, me resultaba imposible pensar en hablar del matrimonio en general, y mucho menos presentárselo a mis padres. Esto te hacía parecer aún más puro y elevado.

La idea de que pudieras haber dado un consejo similar antes de tu propio matrimonio era completamente impensable para mí. Casi no quedaba suciedad terrenal en ti. Y fuiste tú quien, con unas pocas palabras sinceras, me empujó, como si fuera mi destino, hacia esa suciedad. Así que el mundo consistía sólo en ti y en mí: contigo terminaba la pureza del mundo y conmigo comenzaba la suciedad, en virtud de tu consejo. Era incomprensible para mí que me condenaras de esa manera; sólo la culpa y el desprecio más profundo de tu parte podían explicarlo.

Esto tocó mi ser más íntimo, y de manera muy profunda. Aquí es quizás donde nuestra falta de culpabilidad se hace más evidente. A le da a B un consejo abierto, no muy bonito, acorde con su visión de la vida, pero común incluso hoy en día, como un consejo habitual en la ciudad, quizás para evitar daños a la salud. Este consejo no es moralmente fortalecedor para B, pero no tiene por qué seguirlo, y en cualquier caso, el consejo por sí sólo no debería hacer que todo su mundo futuro se derrumbe. Y, sin embargo, algo así sucedió, pero sólo porque A eres tú y B soy yo.

Puedo ver esta mutua inocencia particularmente bien porque un choque similar entre nosotros ocurrió unos veinte años después, en circunstancias completamente diferentes, aunque con un hecho mucho más inofensivo en sí mismo, ya que a los treinta y seis años ya no había nada en mí que pudiera dañarse. Me refiero a un pequeño debate en uno de los pocos días emocionantes después de anunciar mi última intención de matrimonio. Me dijiste, por ejemplo: «probablemente ella se puso alguna blusa especial, de eso entienden las mujeres judías de Praga, y entonces, por supuesto, tú decidiste casarte con ella. Y lo antes posible, en una semana, mañana, hoy. No lo entiendo, eres una persona adulta, vives en la ciudad y no conoces a nadie, ¿no tienes otra salida que casarte de inmediato con la primera mujer que te sale al paso? No hay otras posibilidades. Si tienes miedo, iré contigo».

Hablaste con más detalle y más claridad, pero ya no recuerdo los detalles; tal vez tengo la mente un poco nublada al respecto. Estaba casi más interesado en cómo reaccionó mamá, ya que, aunque completamente de acuerdo contigo, tomó algo de la mesa y salió de la habitación con ello.

Difícilmente me has humillado más profundamente con palabras, y tu desprecio nunca ha sido más evidente para mí que en esa ocasión. Hace veinte años, cuando me hablaste de manera similar, quizás aún veías algo de respeto en el adolescente precoz de ciudad que, según tu opinión, ya podía ser introducido en la vida sin rodeos. Hoy en día, esa consideración sólo podría aumentar tu desprecio, ya que el chico que empezó en aquel entonces sigue estancado en el mismo lugar, y no lo consideras más rico en experiencias, sino sólo veinte años más miserable.

Mi decisión de casarme con una chica no significó nada para ti. Siempre mantuviste bajo tu control (inconscientemente) mi capacidad de tomar decisiones, y ahora creías (también inconscientemente) saber lo que ella valía. No conocías mis intentos de rescate en otras direcciones, así que no podías entender el proceso de pensamiento que me llevó a este intento de matrimonio; no sabías nada y, por lo tanto, debías adivinar y aconsejar según el juicio general que tenías de mí, lo cual era lo más repugnante, torpe y ridículo que pudieras imaginar. Y no dudaste ni un momento en decírmelo tal cual.

La vergüenza que me causaste con tus palabras no fue nada comparado con la vergüenza que creo que mi matrimonio podría haber generado en tu nombre. Ahora podrías responderme algunas cosas sobre mis intentos de matrimonio y ya lo has hecho: es posible que no respetes mucho mi decisión si rompí el compromiso con F. dos veces y lo retomé dos veces más al ver la reacción inútil de ti y mamá en Berlín y cosas por el estilo. Todo esto es cierto, pero es importante entender cómo sucedió.

La idea básica detrás de ambos intentos de matrimonio era completamente correcta: crear un hogar, independizarme. Un pensamiento que debería resonar contigo, pero que en realidad se desarrolló como un juego de niños, donde uno toma la mano del otro y la aprieta mientras grita: «¡Oh, vete, vete, por qué no te vas!». Lo que complica nuestro caso es que cuando decías «continúa», lo decías honestamente, pero sin saberlo, con el poder de tu ser me mantenías retenido. Ambas chicas fueron elegidas por casualidad, pero extraordinariamente bien. Es otra señal de tu completo malentendido pensar que yo, un ser ansioso, vacilante y desconfiado, podría decidir casarme impulsado simplemente por una blusa.

Por el contrario, ambos matrimonios habrían sido decisiones racionales; estuve años, en el primer caso, y meses, en el segundo, dedicando todo mi poder de pensamiento a planificarlo. Ninguna de las chicas me decepcionó, fui yo quien las decepcionó a ambas. Mi juicio sobre ellas hoy es el mismo que cuando quise casarme con ellas. Tampoco es cierto que en el segundo intento ignorara las experiencias del primer intento, actuando imprudentemente. Los casos fueron muy diferentes, y precisamente las experiencias previas me dieron esperanzas en el segundo caso, que era mucho más prometedor en general.

No quiero entrar en detalles aquí. Entonces, ¿por qué no me casé? Hubo obstáculos individuales, como en todas partes, pero la vida siempre presenta tales obstáculos. Lo esencial, lamentablemente, fue independiente del caso particular. El obstáculo real fue que, evidentemente, soy mentalmente incapaz de casarme. Esto se manifiesta en el hecho de que, en el momento en que decido casarme, ya no puedo dormir, mi mente está en llamas día y noche, la vida deja de tener sentido y me balanceo en la desesperación.

No son realmente las preocupaciones las que provocan esto, aunque también existen en mi mente pedante e implican innumerables inquietudes. Sin embargo, estas preocupaciones sólo logran trabajar sobre el cadáver como gusanos, pero algo más me golpea decisivamente: es la presión general de miedo, debilidad y autodesprecio. Quiero tratar de explicarlo con más detalle.

En el intento de matrimonio, se juntan dos cosas aparentemente opuestas en nuestras relaciones, y se manifiestan más fuerte aquí que en cualquier otro lugar. El matrimonio es ciertamente la garantía de la más aguda autoliberación e independencia. Tener una familia es lo más alto que creo que uno puede lograr, lo máximo a lo que puedo aspirar. Sería igual a ti, toda la vieja y eternamente renovada vergüenza y tiranía simplemente se desvanecerían. Sería un cuento de hadas, pero ahí radica lo problemático. Es algo que realmente no se puede lograr.

Es como si alguien estuviera atrapado y no sólo tuviera la intención de escapar, lo cual podría ser alcanzable, sino que al mismo tiempo quisiera convertir la prisión en un castillo de placer para él. Pero si huye, no puede reconstruir, y si reconstruye, no puede escapar. Si quiero independizarme realmente, debo hacer algo que no tenga ninguna relación contigo; casarse es lo más grande y da la independencia más honorable, pero también es al mismo tiempo lo más estrechamente relacionado contigo. Querer salir de aquí tiene algo de locura, y todo intento es casi castigado por ello.

Es precisamente esta estrecha relación lo que en parte me atrae hacia el matrimonio. Pienso en la igualdad que surgiría entre nosotros, y que podrías entender como nadie más. Sería hermoso porque entonces podría ser un hijo libre, agradecido, intachable y recto, y tú podrías ser un padre modesto, antitiránico, compasivo y satisfecho. Pero para lograr eso, tendríamos que deshacer todo lo que ha sucedido, es decir, borrar nuestra propia existencia. Pero tal como estamos, el matrimonio está cerrado para mí precisamente porque es tu territorio.

A veces me imagino un mapa del mundo extendido y tú estirado sobre él. Y entonces me parece que sólo las áreas que entran en consideración para mi vida son aquellas que no cubres o las que no están a tu alcance.

Y según la idea que tengo de tu grandeza, esas áreas de mi vida no son muchas ni muy reconfortantes, y especialmente el matrimonio no está entre ellas. Esta comparación ya demuestra que de ninguna manera quiero decir que me alejaste del matrimonio, así como me echaste de la tienda. Por el contrario, a pesar de todas nuestras diferencias, tuve un matrimonio ejemplar frente a mí en el tuyo: ejemplar en fidelidad, en la asistencia mutua, en el número de hijos, y aunque la paz se veía cada vez más perturbada a medida que los niños crecían, el matrimonio en sí no se vio afectado. Fue precisamente este ejemplo el que quizás influyó en mi elevado concepto del matrimonio; el deseo de casarme no era impotente, pero tenía otras razones. Estas razones estaban en tu relación con los hijos, que es de lo que trata toda esta carta.

Existe la creencia de que el miedo al matrimonio a veces proviene del temor de que los hijos puedan pagar con la misma moneda los errores cometidos por sus padres. Esto, creo, no es muy relevante en mi caso, porque mi sentimiento de culpa está demasiado ligado a ti y a tu singularidad; ese sentimiento de singularidad es parte de su esencia tormentosa, y una repetición es impensable. Debo decir que un hijo tan mudo, aburrido, seco y descompuesto sería insoportable para mí; probablemente, si no hubiera otra manera, huiría de él, emigraría, como tú quisiste hacer sólo por mi matrimonio. Así que tal vez también me veo influido por este temor, lo cual podría explicar por qué no puedo casarme.

Pero lo que es mucho más importante es el miedo en sí mismo. Esto debe entenderse de la siguiente manera: ya he insinuado que mis intentos de autoafirmación, especialmente a través de la escritura, han tenido poco éxito y difícilmente podrán continuar. Sin embargo, es mi deber o, mejor dicho, está en mi naturaleza proteger estos intentos de cualquier peligro que pueda acercarse. El matrimonio representa la posibilidad de tal peligro, aunque también puede ser el mayor apoyo. Pero para mí, es suficiente que exista la posibilidad de peligro. ¿Qué haría si este peligro se materializara? ¿Cómo podría vivir en el matrimonio con el sentimiento, tal vez indemostrable, pero al menos irrefutable, de ese peligro? Por otro lado, aunque pueda vacilar, el resultado final es seguro: tengo que renunciar.

La comparación entre un gorrión en la mano y una paloma en el techo encaja perfectamente aquí. No tengo nada en la mano, todo está en el techo, y aun así debo decidir en medio de las dificultades de la vida sin tener nada concreto que elegir. He tenido un problema similar con la elección de la carrera. Pero el obstáculo más importante para el matrimonio es la convicción, ya imborrable, de que el apoyo familiar y, en especial, tu liderazgo incluyen todo lo necesario para la vida. He reconocido en ti un conjunto de características y cualidades, tanto buenas como malas, que están orgánicamente unidas: fuerza y burla, salud y cierta desmesura, locuacidad e insuficiencia, autoconfianza e insatisfacción con los demás, superioridad mundial y tiranía, conocimiento de la naturaleza humana y desconfianza en la mayoría. También posees virtudes sin ninguna desventaja evidente, como la diligencia, la perseverancia, la presencia de ánimo y la intrepidez.

De todo esto, yo he tenido comparativamente poco o nada, y aun así quería atreverme a casarme, mientras veía que incluso tú tuviste que luchar en el matrimonio y, en algunos aspectos, fallaste en relación con tus hijos. Por supuesto, no me hice esta pregunta explícitamente, y no la respondí de manera consciente; de lo contrario, el pensamiento ordinario habría tomado el control y me habría llevado a compararme con otros hombres diferentes a ti (por nombrar a uno cercano: el tío Richard), quienes, sin embargo, se casaron y al menos no colapsaron bajo esa carga, lo cual ya es mucho y me habría sido suficiente. Pero no me hice esta pregunta, simplemente la experimenté desde la infancia.

Yo sólo me ponía a prueba en lo relativo al matrimonio desde el principio, sino en cosas sin importancia; en cada pequeña cosa me convenciste, con tu ejemplo y tu educación, de mi incapacidad para manejarla. Y lo que era cierto para cada pequeña cosa y se demostraba con razón, por supuesto, debía ser monstruosamente cierto cuando se trataba de algo tan grande como el matrimonio.

Hasta los intentos de matrimonio, crecí como alguien que vive el día a día sin una contabilidad precisa, con algunas pequeñas ganancias que, en su rareza, siempre exageraba en mi imaginación, pero con pérdidas diarias.

Todo está registrado en los libros de cuentas, pero nunca se tuvo en cuenta. Ahora llega la compulsión de hacer balance, es decir, el intento de matrimonio. Y con las grandes sumas que se esperan aquí, parece como si nunca hubiese habido ninguna ganancia, sólo una gran deuda. Y ahora, ¿cómo casarse sin volverse loco? Así es como mi vida hasta ahora ha terminado contigo, y lleva consigo esas perspectivas para el futuro.

Podrías, al revisar mi justificación del miedo que te tengo, responder: «afirmas que simplifico las cosas si simplemente puedo cambiar nuestra relación al declarar tu culpa, pero creo que, a pesar de los esfuerzos externos, al menos no lo haces más difícil, sino mucho más conveniente para ti. En primer lugar, tú también rechazas cualquier culpa y responsabilidad, así que en eso, nuestro proceder es el mismo. Pero mientras yo soy tan abierto como para atribuirte la única culpa, tú quieres ser "demasiado inteligente" y "demasiado cariñoso" al mismo tiempo, exculpándome también de cualquier culpa. Por supuesto, esto último sólo parece tener éxito para ti (y ni siquiera deseas más que eso), pero resulta que entre líneas, a pesar de todos los "dichos" sobre la naturaleza y la oposición, en realidad yo era el agresor, mientras que todo lo que tú hiciste fue en defensa propia. Así que ahora has logrado una falta de sinceridad suficiente, porque has demostrado tres cosas: primero, que eres inocente; segundo, que yo soy culpable; y tercero, que por pura magnanimidad estás dispuesto no sólo a perdonarme, sino también a demostrarlo y creértelo, aunque quieras que yo, contrariamente a la verdad, también sea inocente. Esto podría ser suficiente para ti, pero aún no lo es. Porque has decidido que quieres vivir conmigo completa y absolutamente. Admito que estamos en conflicto, pero hay dos tipos de lucha. La lucha caballeresca, donde compiten las fuerzas de oponentes independientes, y donde cada uno se mantiene a sí mismo, pierde por sí mismo y gana por sí mismo. Y luego está la lucha de las alimañas, que no sólo pican, sino que también chupan la sangre que les da vida. Ése es el verdadero soldado profesional, y ése eres tú. No eres apto para la vida; pero para sentirte cómodo en ella, sin preocupaciones y sin reproches, demuestras que te he quitado toda tu vitalidad y la he puesto en mis propias bolsas. ¿Qué te importa ahora si no eres apto para la vida? Yo tengo la responsabilidad. Pero te estiras con calma y dejas que me atraviese física y mentalmente por los lazos de la vida.

»Un ejemplo: cuando quisiste casarte la última vez, quisiste hacerlo, según esta carta, y al mismo tiempo no querías casarte, pero para no complicarte la vida, esperabas que yo te ayudara a no casarte, por la "vergüenza" que la conexión traería a mi nombre y que prohibiría este matrimonio. Pero eso no se me ocurrió en absoluto. En primer lugar, nunca quise "ser un obstáculo para tu felicidad" aquí, ni en ningún otro aspecto, y en segundo lugar, nunca quise escuchar tal reproche de mi hijo. Pero la autosuperación, con la que te liberé del matrimonio, no ayudó en absoluto. Ni lo más mínimo. Mi aversión al matrimonio no lo habría impedido, al contrario, habría sido un incentivo aún mayor para que te casaras, porque el "intento de fuga", como tú dices, se habría vuelto perfecto. Y mi permiso para casarte no implica tus reproches, porque demuestras que, en cualquier caso, tengo la culpa de que no te cases. Pero, por una buena razón, no me has demostrado nada aquí ni en todo lo demás, excepto que todas mis acusaciones estaban justificadas, y que entre ellas faltaba una particularmente justificada, a saber, la acusación de falta de sinceridad, servilismo del amor, y parasitismo. Si no fuera muy ridículo, me estarías engañando con esta carta como tal».

A esto respondo que, en primer lugar, toda esta objeción, que en parte también está dirigida contra ti, no viene de ti, sino de mí. Después de todo, ni siquiera tu desconfianza hacia los demás es tan grande como mi desconfianza en mí mismo, en la que tú me has educado. No niego que hay cierta legitimidad en la objeción, que, por supuesto, también debe caracterizar nuestra relación. Entonces, por supuesto, en realidad las cosas no encajan perfectamente, como sugieren las evidencias en mi carta; la vida es más que un simple rompecabezas. Pero con la corrección que resulta de este desvío, una corrección que también en mi opinión se acerca mucho más a la verdad, tal vez podamos calmarnos un poco y hacer que la vida y la muerte sean más llevaderas.

Franz

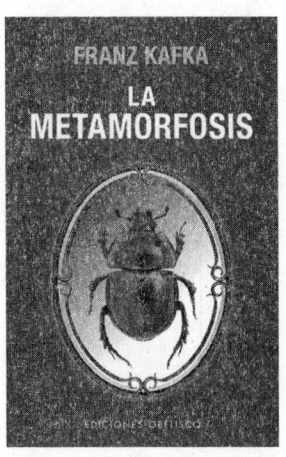

La metamorfosis (*Die Verwandlung*), publicada por primera vez en 1915, es una de las obras fundamentales de la ficción del siglo xx. En ella, **Franz Kafka** nos narra la historia de Gregorio Samsa, quien un buen día se despierta transformado en un insecto. La novela constituye una angustiosa metáfora sobre la angustia del ser, y refleja las inquietudes de su autor respecto a las dificultades que entrañan las relaciones personales, pero también las del ciudadano con la sociedad y con el Estado. El texto de Kafka es una de las obras de ficción más leídas del mundo, y ha influido a escritores de la talla de George Orwell, Albert Camus, Jorge Luis Borges o Ray Bradbury.

«**El Hermano Mayor te vigila**», advierten los carteles que cubren las paredes de Londres. La libertad de expresión ha desaparecido y a los ciudadanos de un «lugar que alguna vez fue llamado Inglaterra» no se les permite ejercer el pensamiento crítico. Se habla entre susurros, fingiendo las expresiones, y se vive con un temor constante a la Policía del Pensamiento. En ese contexto, Winston Smith, funcionario del **Ministerio de la Verdad**, recibe el encargo de reescribir algunos pasajes de la historia para fijar el relato que resulta más conveniente a las ambiciones del Partido […]

En 1984, **George Orwell** nos traslada a una distopía inspirada por el nazismo y el estalinismo. Considerada unánimemente como uno de los grandes hitos de la **literatura** política y de la **ciencia ficción**, esta novela es una lúcida reflexión sobre los mecanismos de control social y una brillante advertencia sobre los totalitarismos.